JEUX DE TOURNON.

Parva docemus ... sed est sua etiam studiis infantia...
LUSUS HIC SIT. Quintil. l. 1. cap. 1.

A VALENCE,
De l'Imprimerie de J.-J. VIRET.

M. DCC. LXXVII.

Cur improbetur, si Quis, quæ Domi suæ rectè faceret, in publicum promit.

Quint. L. I. C. I.

JEUX DE TOURNON.

LES CARTES ont été inventées, dit-on, pour amuser un Prince dont l'esprit avoit baissé ; elles sont devenues dans la suite un délassement pour certaines personnes, l'occupation de bien des gens oisifs, & enfin la perte de plusieurs familles, & d'une infinité de joueurs ; de sorte que si l'on proposoit ce problême : *l'Invention des Cartes a-t-elle été plus avantageuse que nuisible à la Société ?* Il y auroit certainement partage d'opinions. Mais depuis l'invention des *JEUX DE TOURNON*, tous les suffrages se réuniront en faveur des Cartes. Elles avoient été bannies jusqu'à présent des collèges ; aujourd'hui on ne doute pas que les Maîtres zélés & jaloux de l'avancement de leurs éleves, ne s'empressent de les y introduire, quand ils en connoîtront l'utilité. On a donc cru travailler pour le bien de l'éducation, en rendant publique, par la voie de l'impression, cette nouvelle méthode, qui, d'après l'expérience, peut contribuer infiniment aux progrès des jeunes-gens, dans l'histoire, la chronologie, la géographie, les langues, &c. car ces jeux peuvent s'étendre à tout ; & l'on trouvera dans cet écrit, comment une partie de *Loto* occuperoit très-utilement une heure de classe.

On a d'abord imaginé de mettre sur des cartes, sur le *Carreau* par exemple, les douze époques de Mr Bossuet, on y en a ensuite ajoûté douze autres depuis Charlemagne: on a mis ces dernieres sur le *Cœur*, & les années correspondantes à ces 24 époques, sur le *Trefle* & sur le *Pique* : ce qui donne 48 cartes.

On mêle, on coupe, on se sert de fiches & de jettons, comme dans les jeux ordinaires. La partie est composée de tel nombre de joueurs que l'on juge à propos. On la suppose de quatre. Chacun a donc douze cartes. Celui qui est le premier joue une carte, soit *époque*, soit *année*; c'est au suivant à jetter la carte qui correspond, ou à dire : *je passe*. Celui qui la met fait le lever, & tire un jetton. Chacun en a mis six en commun. Celui qui a employé le premier toutes ses cartes, gagne la partie, c'est-à-dire, qu'il prend ce qui reste de jettons sur le jeu, & chacun donne autant de jettons qu'il lui reste de cartes dans la main. Si l'on jette toutes ses cartes sans interruption, on fait la *vole*, qui se paye double. Cela arrive lorsqu'on n'a que des époques & des chiffres correspondants. On abat alors son jeu.

Idem. Lorsqu'on n'a que deux cartes isolées, & qu'on en place une en faisant un lever.

Celui qui fait le lever de la derniere carte ne paye rien pour celle-là, quoique la partie soit déja gagnée; mais seulement pour celles qui lui restent entre les mains.

Celui qui jette une carte, doit laisser parler les autres; quand même il auroit la carte correspondante. Cette règle est essentielle dans les commencements : on n'est pas encore bien fort; il arrive souvent qu'on jette une carte l'une pour l'autre. Le jetton que l'on paye, la partie qu'on ne peut plus gagner, sont des moyens de retenir les époques. Chacun ne doit dire, *je passe*, qu'à son tour. Si on le prévient, on paye un jetton au profit du jeu.

Celui qui a *passé*, & qui cependant avoit la carte correspondante, paye un jetton, garde sa carte, & ne peut gagner la partie : ou du moins s'il la gagne, elle est remise. Chacun néanmoins paye également, mais au profit du jeu, pour la partie suivante.

Lorsque tout le monde a *passé*, & que la carte correspondante n'a pas paru, c'est à celui qui a joué à la nommer. S'il se trompe, il paye un jetton, & l'on s'adresse au suivant. Tous ceux qui ont déja payé un jetton au jeu, en payent encore chacun un à celui qui rencontre juste ; & enfin si l'on est obligé d'avoir recours au livre, ce second jetton se paye au profit du jeu.

Celui qui contredit mal-à-propos, paye un jetton au joueur, si celui-ci soutient son dire ; mais s'il cede, le jetton est au profit du jeu. Celui qui soutient mal-à-propos son dire, paye un jetton à celui qui le contredit.

Le censeur de chacun est son plus proche voisin à la droite, puis le suivant, lorsque le premier n'a rien dit. Celui qui parle avant son tour, paye un jetton au jeu, quand même il auroit bien parlé, & deux, s'il s'est trompé. Un exemple rendra toutes ces règles encore plus sensibles. On joue l'époque de St-Louis, mon voisin jette 1223. si je ne dis mot, c'est au suivant à parler & à dire, 1226, 1223 est l'époque de Louis VIII, pere de St-Louis ; si au contraire il jette la véritable année, & que je le reprenne, &c. &c.

Celui qui a jetté une époque ou une année l'une pour l'autre, ne peut pas gagner la partie, & il est dans le cas de celui qui a *passé* ayant la carte correspondante.

La facilité avec laquelle les jeunes-gens ont saisi ce jeu, l'intérêt qu'ils y ont mis, a donné lieu de l'étendre & d'y mettre de la varieté. L'histoire Sainte, l'histoire Ancienne, l'histoire Romaine, l'histoire de France, ont fait successivement des jeux différens ; puis on les a mêlés, on a multiplié les joueurs. On a vu avec étonnement que tous ces traits d'histoire, toutes ces dates se rangeoient, sans la moindre confusion, dans toutes ces petites têtes.

Mais pour s'assurer que la suite des faits y étoit aussi gravée, on a inventé un nouveau jeu, qui consiste à commencer par la premiere époque d'une histoire, & finir par la derniere.

Par exemple, l'histoire Sainte : celui qui à la *création* joue le premier ; puis viennent le *deluge*, la *vocation d'Abraham*, &c. Celui qui a la carte correspondante fait le lever ; un autre jour, ce seront les années que l'on jettera les premieres, auxquelles on appliquera les faits correspondants. On mêle ensuite toutes les histoires ensemble, & l'on suit la même marche ; ensorte que les dates de l'histoire Sainte, de l'histoire Ancienne, de l'histoire Romaine, &c. quoique confondues, se succedent chacune à leur rang, & sans distinction d'histoire. On jouera quelquefois à rebours, en commençant par les époques modernes, & remontant à la création.

Les règles de ce jeu sont à peu près les mêmes que celles du précédent. Lorsqu'on ne jette pas l'époque qui suit, c'est à celui qui a fait le dernier lever à avertir ; &, si l'on fait attendre, il nomme l'époque, reçoit un jetton de celui qui a la carte, lequel en paye un second au jeu, & ne peut plus gagner la partie. S'il se trompe, il est dans le même cas ; il paye un jetton, ne peut pas gagner la partie, & paye un second jetton au censeur, conformément aux règles du premier jeu.

Enfin, on forme de toutes ces époques réunies, des jeux de *Loto*. Ces *Lotos* historiques & chronologiques, ne different du *Loto* ordinaire, qu'en ce qu'au lieu de mettre sur les tableaux 1, 2, 3, &c. jusqu'à 90, on y a mis les chiffres de 90 époques ; aulieu que les boules que l'on tire du sac sont inscrites des mêmes numeros que les tableaux, ce sac contient 90 bouts de cartes ou cartons, sur lesquels sont marquées les époques. Par exemple : *Hugues Capet, chef de la 3me Race*, c'est à celui qui a 987 sur son tableau à demander un jetton, & à dire 987. Si les tableaux sont répétés, 2, 3, 4 fois, il faut par conséquent donner 2, 3, 4 jettons : mais alors chacun prend le sien sans rien dire. Le voisin examine si effectivement on a dû les demander, & s'ils sont mis à leur place.

Celui qui a pris mal-à-propos un jetton, le rend & en paye un à la masse, & un à son censeur. *Idem.* Celui qui l'a mal placé, quand même le véritable chiffre se trouveroit sur son tableau, ce peut être un *ambe*, un *terne* de moins ; mais il gagnera beaucoup plus d'un autre côté, en ce que cette époque se gravera dans sa mémoire. Lorsqu'on a tiré un carton, & que personne ne demande de jettons, c'est alors à celui qui a tiré le carton à nommer le chiffre, & ceux qui l'ont, lui payent chacun un jetton, & un autre au jeu. S'il se trompe, il le paye lui-même à son censeur. *Idem.* s'il n'a rien dit ; & enfin chacun paye au jeu, si l'on est obligé de consulter le livre.

Il y a une autre maniere de jouer ce jeu, qui suppose la connoissance des faits par les dates. On distribue aux joueurs les cartons des époques comme dans les jeux de carte ordinaires, chacun les arrange à sa fantaisie, en observant néanmoins de n'en mettre que cinq sur chaque ligne. On tire alors du sac les années des 90 époques ; par exemple, 1589. C'est à celui qui a la branche de Bourbon ou Henri IV. à demander un jetton, &c. On conçoit que c'est toujours la même marche qu'il peut y avoir également des *ambes*, des *ternes*, &c.

On comprend que les petits enfants ne sont pas en état de jouer au *loto*, ni aux jeux de carte, un peu compliqués ; mais ils voyent des cartes entre les mains des grands ; ils veulent en avoir aussi. Il n'en est pas un qui au bout de huit jours ne joue parfaitement les époques générales, puis viennent successivement les autres hiſtoires, enſorte qu'il y en a qui, au bout de l'année, ſont leur partie de *loto*, lequel en derniere analyſe, n'eſt que la réunion des différens jeux. Ces jeux pris ſéparément ſont à la portée des plus petits.

On prévoit que la grande difficulté, pour introduire ces jeux, viendra de la part des Maîtres, & non des enfants. Car pour que les enfants les goûtent, il faut que les maîtres y jouent d'abord entr'eux, qu'ils ne les leur préſentent que comme une choſe utile & amuſante; qu'ils ne leur en parlent qu'en converſation, en un mot, qu'ils faſſent naître le deſir de connoître ce jeu; qu'ils en montrent la facilité, l'utilité, l'agrément, & ſa conformité avec certains jeux de ſocieté; que les Maîtres jouent avec leurs élèves; que les Régents appuyent à propos dans leurs explications ſur la néceſſité de la chronologie; qu'ils faſſent voir qu'il ne ſuffit pas de ſavoir un fait, qu'il faut connoître encore où, & dans quel temps il s'eſt paſſé; qu'ils faſſent un jeu pour la chronologie relatif aux auteurs & aux explications de la claſſe; qu'ils donnent de bons points; des exemptions à ceux qui diront trois époques demandées au hazard: mais ſur-tout que cette étude n'aît pas l'air d'un devoir de claſſe: c'en ſeroit fait pour toûjours de la chronologie, ou du moins on l'oublîroit à meſure qu'on l'apprendroit.

Pour celà, il faudroit que les maîtres ſe miſſent toutes ces dates dans la tête. Combien y en a-t-il pour leſquels ce ſeroit une choſe impoſſible? Dumoins s'ils ont aſſez de zèle & de raiſon pour y ſuppléer, en témoignant qu'ils prennent un grand intérêt à ces jeux, en y préſidant, &c. le ſuccès ſera à peu près le même. Il eſt bien à craindre que pluſieurs, pour couvrir leur peu de zèle & de bonne volonté, ne cherchent à donner du ridicule à cette invention, à la décrier dans l'eſprit des enfants, &c. On leur répond cependant du ſuccès, pour peu qu'ils veuillent ſuivre la marche uſitée en pareil cas. En effet, il y a maniére de présenter les choses utiles aux jeunes-gens, lorsqu'on veut leur en inspirer le goût.

On convient que si cet écrit tombe entre les mains de certains maîtres, il prêtera infiniment à la plaisanterie; il en est très-susceptible, lorsqu'on rapproche deux idées aussi disparates que celles de cartes & d'instruction, de *loto* & de connoissances chronologiques. On peut dire qu'à cet égard, ce sera un malheur pour les jeunes-gens confiés à de tels maîtres. Car il faut rendre justice à la Jeunesse : elle aime à s'instruire, elle s'attache volontiers à ceux qui lui sont utiles; mais il faut savoir lui rendre l'étude aimable, non, par des complaisances meurtriéres, en relâchant quelque chose de l'exactitude de la discipline, mais en la persuadant bien de l'utilité des choses qu'on lui apprend.

Il est encore essentiel que tous les maîtres soient parfaitement d'accord, & parlent le même langage sur ces objets. Les enfants ont, en général, une confiance pleine & entière dans leurs maîtres; mais ce n'est pas toujours dans tel ou tel maître, ensorte que si l'un parle sur un ton, l'autre sur un autre, l'enfant ne sachant plus auquel entendre, finit par les mépriser tous les deux.

Ainsi le succès de cette méthode dans un Collège, dépend de l'intérêt que les Maîtres prendront à l'y introduire. S'ils font à cet égard ce qu'ils doivent faire, ils pourront comparer, au bout de six mois, leurs anciens Élèves avec les nouveaux, & ils remarqueront une grande différence. Ceux-ci auront des idées nettes & précises de l'Histoire, ils en connoîtront la suite, ils la liront avec bien plus de fruit. Ils sauront ceque la plûpart des gens ignorent, & ceque tout le monde convient cependant être très-utile, qui est la connoissance des dates par les faits, & des faits par les dates.

On n'entre pas dans le détail de tous les objets d'instruction que l'on peut assujettir à la même marche. Nous

nous proposons de donner un ouvrage qui les contiendra: on y trouvera, outre les histoires Sainte, Ancienne & Romaine, celle de France & des différens États de l'Europe, la suite des Batailles; des Siéges mémorables; des grands Capitaines; des Ministres célébres; des Auteurs qui ont écrit sur différentes matières, sur l'Art militaire, par exemple, & dans quel ordre on doit les lire; des changemens arrivés dans la manière de combattre, d'attaquer & de défendre les Places; des inventions, des différentes machines de guerre, avec le nom de ceux qui les ont perfectionnées, &c.

On voit que, suivant l'état auquel les Jeunes-gens se destinent, il est aisé de soumettre à la même méthode les connoissances qui leur sont nécessaires; les Auteurs grecs, latins, françois; les Pères de l'Église; les hérésies; les conciles; les Juris-consultes; les recueils des loix anciennes & modernes, &c. Les Maîtres peuvent donc faire des jeux & des *lotos* relatifs aux études dont leurs élèves doivent s'occuper.

Ce seroit ne pas connoître l'esprit & le but de ces jeux, si l'on se contentoit de laisser jouer les jeunes-gens au *loto*, comme ils jouent au jeu de l'oye. Prenons pour exemple les Rois de France. Ce jeu suppose dans les Maîtres assez d'activité & de zèle, pour entretenir les enfants de l'histoire de ces Rois, leur donner envie de la lire, & leur procurer les livres qui peuvent leur rendre cette histoire intéressante. Ils connoissent déja de nom les différens personnages qui vont paroître sur la scène, ils ont les dates des différens événements rangés par ordre dans leur tête. Il ne s'agit plus que d'ajoûter à chacun de ces événements un détail un peu plus circonstancié, qui se placera aussi tout naturellement à la suite de chaque date. Ainsi ces dates & ces époques ne sont qu'un canevas que les maîtres doivent remplir dans leurs entretiens, & bientôt les élèves seront en état de les remplir par eux-mêmes. C'est ainsi qu'on met à la tête d'une tragédie & d'une comédie, le nom & la qualité de chaque acteur : ce qui aide le lecteur, mais ne suffit pas pour lui donner une idée du rôle que chacun doit jouer.

On doit commencer par faire entendre aux enfants ce que c'est que la chronologie ; & prendre des exemples qui soient à leur portée. On ajoûtera que cette science consiste donc à savoir dans quel temps se sont passés les faits rapportés dans l'histoire ; que l'on compte 4004 ans depuis la création du Monde jusqu'à J.-C. & 1777 depuis J.-C. jusqu'à nous. On fera d'abord un petit jeu des époques anciennes auxquelles on joindra, dans la suite, celles de l'histoire moderne. A ce premier jeu, succederont ceux de l'histoire Sainte, de l'histoire Ancienne, de l'histoire Romaine, & enfin le jeu des Rois de France. Quand ils sçauront parfaitement 90 époques, & qu'ils en feront usage, sous les différentes formes dont les jeux sont susceptibles, on en composera un *loto*.

On a cru devoir faire un *loto*, tiré des différens jeux particuliers.

A l'égard des sommaires qui doivent être mis sur chaque carte, c'est aux Maîtres à les faire relatifs à la portée de leurs Elèves. Il s'agit d'y mettre des faits instructifs & intéressants, qui demandent quelque explication, & qui peuvent prêter à la conversation. Branche de Valois, par exemple. On marquera que Philippe le hardi eut deux fils, Philippe le Bel & Charles, tige de la branche de Valois. Que Philippe VI, qui monta sur le Trône en 1328, étoit fils de ce Charles, & cousin germain des trois derniers Rois. *Id.* pour Louis XII. On remontera à Charles V. qui eut deux fils, Charles VI. & Louis Duc d'Orleans, tige de la deuxieme branche de Valois. Louis eut deux fils, Charles qui fut 25 ans prisonnier en Angleterre, & qui fut pere du Roi Louis XII. & puis Jean, Comte d'Angoulême, ayeul de François premier, & tige d'une troisieme branche de Valois.

Idem, Pour la branche de Bourbon, en remontant jusqu'à Robert, Comte de Clermont, 6 me fils de St. Louis & descendant à Charles, Duc de Vendôme: ce Charles eut deux fils, Antoine, Roi de Navarre, père d'Henri IV. & Louis, tige de la branche de Condé, d'où est sortie celle de Conti.

Sur la carte d'Henri IV. on remarquera qu'il eut deux fils, Louis XIII. & Gaston, Duc d'Orléans, qui n'eut qu'une fille, Mademoiselle, qui mourut sans alliance.

Sur la carte de Louis XIII. qu'il eut deux fils, Louis XIV. & Philippe Duc d'Orléans, tige de la branche qui subsiste aujourd'hui.

Sur celle de Louis XIV. qu'il n'eut qu'un fils, le Grand Dauphin, mort en 1711, qui eut deux fils, le Duc de Bourgogne, père de Louis XV. & Philippe, Duc d'Anjou, Roi d'Espagne, &c. &c.

On peut changer de temps en temps ces Sommaires, en les remplaçant par d'autres traits qui donnent de nouvelles connoissances: ensorte qu'on peut dire que des enfants qui se feroient mis en état de jouer à la fin d'une année deux ou trois parties de *Loto*, sauront plus d'histoire, de géographie, &c. & d'une maniere plus solide que la plûpart de ceux qui, durant plusieurs années, ont eu des maîtres particuliers pour ces études.

Qu'on considère actuellement combien il seroit avantageux que les *Cartes*, les *Lotos*, &c. fissent l'amusement de la Jeunesse, pendant le cours des études, & quels justes reproches elle auroit à faire à des maîtres négligents ou fantasques, qui, croyant qu'il n'y a de bon que ce qu'ils ont pratiqué ou imaginé, lui laisseroient ignorer cette nouvelle invention.

ÉPOQUES GÉNÉRALES.

PREMIER JEU.

IL y a deux grandes Époques : la premiere, depuis la Création du Monde jusqu'à JESUS-CHRIST, est de [ANS.] 4004.

La seconde, depuis JESUS-CHRIST jusqu'à nos jours, est de 1777.

I. Époques de l'Histoire Ancienne.

1 La Création du Monde, 1.
2 Le premier Empire des Assyriens, 1800.
3 Sortie d'Égipte, Loi publiée, 2513.
4 Prise de Troye, 2820.
5 Premiere Olympiade, 3228.
6 Fondation de Rome, 3252.
7 Le second Empire des Assyriens, 3257.
8 L'Empire des Perses, ou Cyrus, 3468.
9 L'Empire des Grecs, Alexandre, ou Bataille d'Arbelles. 3674.
10 L'Empire des Parthes au delà du Tigre. 3754.
11 Monarchie Romaine, Auguste, ou Bataille d'Actium. 3974.
12 Naissance de J-C. 4004.

II. Epoques de l'Histoire Moderne.

1 La Paix rendue à l'Eglise par Constantin, Concile de Nicée. 325.
2 Theodose, ou partage de l'Empire. 395.
3 Irruption des Barbares en Occident. 406.
4 Bouleversement de l'Empire Romain en Occident. 476.
5 Clovis Roi de France meurt en. 511.
6 Fin de la premiere Race de nos Rois, Pepin le Bref Chef de la seconde. 752.

7 Charlemagne son fils rétablit l'Empire en Occident. 800.

8 Fin de la 2me. Race, Hugues Capet Chef de la troisieme. 987.

9 Saint-Louis meurt en. 1270.

10 Branche de Valois, Philippe VI. meurt. 1350.

11 Branche de Bourbon, Henri IV. monte sur le Trône le 2 août. 1589.

12 Louis XIII. le 14. mai. 1610.

13 Louis XIV. le 14. mai. 1643.

14 Louis XV. le 1er. septembre. 1715.

15 Louis XVI. le 10. mai. 1774.

ÉPOQUES DE L'HISTOIRE SAINTE.

DEUXIEME JEU

1 LA Création. 1.

2 Le Déluge. 1656.

3 Vocation d'Abraham. 2083.

4 Mort de Jacob. 2315.

5 Mort de Joseph. 2369.

6 Sortie d'Égipte, Loi publiée. 2513.

7 Josué, Passage du Jourdain. 2553.

8 Mort de Josué. 2570.

9 Mort de Samson. 2885.

10 Saül, établissement de la Royauté. 2909.

11 David, Roi. 2949.

12 Salomon, Roi. 2990.

13 Dédicace du Temple. 3001.

14 Division des Royaumes de Juda & d'Israël. 3030.

15 Jehu, Roi d'Israël. 3120.

16 Joas, Roi de Juda. 3126.

17 Ezéchias, Roi de Juda. 3277.

18 Fin du Royaume d'Israël. 3283.

19 Captivité de Juda. 3398.

20 Retour de la Captivité. 3468.
21 Néhémie, rétablissement du Temple. 3550.
22 Les Machabées. 3828.
23 Hircan & les Princes Asmonéens. 3869.
24 Hérode le Grand & ses enfants. 3964.

ÉPOQUES DE L'HISTOIRE ANCIENNE.

TROISIEME JEU.

1 PRemier Empire des Assyriens. 1800.
2 Fondation d'Athénes. 2448.
3 Fondation de Sparte. 2500.
4 Prise de Troye. 2820.
5 Lycurgue législateur des Lacédémoniens. 3120.
6 Fondation de Chartage. 3158.
7 Fondation de Rome. 3252.
8 Second Empire des Assyriens. 3257.
9 Solon, législateur des Athéniens. 3400.
10 Empire des Perses, ou Cyrus. 3468.
11 Darius fait la guerre à la Gréce. 3510.
12 Bataille de Marathon, Miltiade. 3515.
13 Passage des Thermopyles, Léonidas. 3524.
14 Bataille de Platée. 3525.
15 Fin de la guerre entre les Perses & les Grecs. 3555.
16 Commencement de la guerre du Péloponnése. 3573.
17 Fin de la guerre du Péloponnése. 3600.
18 Retraite des dix mille, Xénophon. 3603.
19 Bataille de Leuctres, Epaminondas. 3634.
20 Bataille de Mantinée, mort d'Epaminondas. 3641.
21 Naissance d'Alexandre le Grand. 3648.
22 Bataille de Chéronée, Philippe Roi de Macedoine, pere d'Alexandre le Grand. 3666.

23 Bataille d'Arbelles, Empire des Grecs. 3674.
24 Mort d'Alexandre le Grand. 3681.
25 Bataille d'Ipsus. 3703.
26 Invasion des Parthes au delà du Tigre, Arsace Chef de la famille des Arsacides. 3754.

ÉPOQUES DE L'HISTOIRE ROMAINE.

QUATRIEME JEU.

1 EXpulsion des Rois. 244. de R.
2 Tribuns du Peuple. 260.
3 Décemvirs 303.
4 Prise de Veies par Camille. 359.
5 Bataille d'Allia, Prise de Rome par les Gaulois. 365.
6 Guerre contre les Samnites, qui dure 50. ans. 412.
7 Fourches Caudines. 434.
8 Guerre contre Pyrrhus. 471.
9 Premiere guerre punique. 488.
10 Seconde guerre punique. 534.
11 Bataille de Cannes, Annibal. 536.
12 Prise de Syracuse par Marcellus 540.
13 Bataille de Zama, le 1er. Scipion l'Africain. 552.
14 Défaite d'Antiochus, Scipion l'Asiatique. 563.
15 Défaite de Persée, par Paul Emile. 584.
16 Troisieme guerre punique, destruction de Carthage & de Corinthe. 606.
17 Guerre de Jugurtha terminée par Marius. 647.
18 Guerre sociale terminée au bout de trois ans. 663.
19 Mort du Dictateur Sylla. 674.
20 Mort de Mithridate. 689.
21 Conjuration de Catilina, Consulat de Ciceron. 690.

22 Guerre civile entre César & Pompée. 703.
23 Bataille de Pharſales. 704.
24 Céſar aſſaſſiné. 708.
25 Bataille de Philippe, Mort de Brutus & de Caſſius. 710.
26 Bataille d'Actium, Auguſte, Antoine, Cléopatre. 722.

ÉPOQUES DE L'HISTOIRE MODERNE.

1 NAiſſance de JESUS-CHRIST. 1. de J.-C.
2 Priſe de Jéruſalem par Titus. 70.
3 Paix rendue à l'Egliſe par Conſtantin. 325.
4 Partage de l'Empire entre Arcadius & Honorius, fils de Théodoſe. 395.
5 Irruption des Barbares en Occident. 406.
6 Origine de la République de Veniſe. 452.
7 Bouleverſement de l'Empire en Occident, ſous Auguſte, dit Auguſtule. 476.
8 Empire des Turcs. 552.
9 Mahomet, 1re. année de l'Hégire, ou ère des Mahométans. 622.
10 Rétabliſſement de l'Empire en Occident, par Charlemagne. 800.
11 Premiere incurſion des Normands. 820.
12 Guillaume, Duc de Normandie, fait la conquête de l'Angleterre. 1066.
13 Premiere Croiſade. 1095.
14 Empire des Latins à Conſtantinople. 1204.
15 Rodolphe d'Hapsbourg Empereur d'Allemagne, Chef de la Maiſon d'Autriche. 1273
16 Commencement de la République des Suiſſes. 1308.
17 Priſe de Conſtantinople par Mahomet II. 1453.
18 Découverte de l'Amérique, par Chriſtophe Colomb. 1492

19 Concile de Trente. 1545 - à - 1563.

02 Les Provinces-Unies des Pays-Bas, ou la Hollande, ſe revoltent contre le Roi d'Eſpagne. 1581.

21 Revolution en Portugal, ou le Duc de Bragance, Roi. 1640.

22 Cromwel, ou Charles I. décapité. 1649.

23 La Maiſon d'Orange ſur le Trône d'Angleterre. 1689.

24 Pierre le Grand, Czar de Ruſſie. 1696.

25 Charles XII. Roi de Suéde. 1697.

26 La Maiſon de Bourbon ſur le Trône d'Eſpagne. 1700.

Nota. *Le Jeu particulier des Rois de France, ſe trouve tout de ſuite dans le* Loto *qui ſuit.*

LOTO CHRONOLOGIQUE,

tiré des Jeux précédents.

1 LA Création . . . . 1.
2 Le Déluge . . . . 1656.
3 Le premier Empire des Assyriens. . . . . . . 1800.
4 La Vocation d'Abraham . . . . 2083.
5 La Sortie d'Egypte ou la Loi publiée. . . . . 2513.
6 Josué, ou Passage du Jourdain. . . . . 2553.
7 La Prise de Troye. . . . . 2820.
8 Saül, établissement de la Royauté. . . . . . 2909.
9 Royaume de Juda & d'Israël. . . . . 3030.
10 Fondation de Carthage. . . . . 3158.
11 Premiere Olympiade. . . . . 3228.
12 Fondation de Rome. . . . . 3252.
13 Fin du Royaume d'Israël. . . . . 3283.
14 Second Empire des Assyriens . . . . 3257.
15 Commencement de la Captivité. . . . . 3398.
16 L'Empire des Perses, & Retour de la Captivité . 3468.
17 L'Empire des Grecs ou d'Alexandre, Bataille d'Arbelles. . . . . 3674.
18 Invasion des Parthes au delà du Tigre . . . . 3754.
19 Guerre des Machabées, Heliodore . . . . . . 3818.
20 Hircan & les Princes Asmonéens. . . . . . . 3869.
21 Herode le Grand & ses Enfants. . . . . 3964.

Monarchie Romaine, Bataille d'Actium. 3974.
Voyez l'Histoire Romaine.

22 Expulsion des Rois de Rome, l'*an de Rome* . 244.
23 Guerre des Latins, Titus Lartius premier Dictateur. . . . . 256.
24 Établissement des Tribuns du peuple, le Consul Cassius propose la premiere Loi Agraire. 268.
25 Etablissement des Décemvirs. . . . . 303.
26 Prise de Rome par les Gaulois. . . . . 365.
27 Guerre des Samnites qui dure 50 ans . . . . 412.
28 Guerre contre les Tarentins, Pyrrhus vient à leur secours . . . . 471. à 477.
29 Premiere Guerre punique . . . . 488.
30 Guerre d'Illyrie, premiere alliance avec les Grecs. . . . . 523.

31 Seconde Guerre punique, Annibal, Siége de Sagontes . . . . 534.

32 Fin de la seconde guerre punique, & Guerre de Macedoine, défaite de Persée à Pydna. 552-à 584

33 Troisieme Guerre punique, Destruction de Carthage & de Corinthe. . . . . 606.

34 Guerre de Jugurtha terminée par Marius . . . 647.

35 Guerre sociale, de Marius & de Scylla, Abdication de ce dernier . . . . 663-à 674.

36 Guerre de Mithridate terminée par Pompée. . 689.

37 Guerre civile entre Cesar & Pompée, Bataille de Pharsale . . . . 703-à 704.

38 Mort de Cesar. . . . . 708.

39 Bataille de Philippe. . . . . 710.

40 Monarchie Romaine, Auguste, Bataille d'Actium l'an du Monde 3974, & de Rome. . . 722.

41 Naissance de Jesus-Christ, l'an du monde 4004, & de l'*Ere chrétienne* la premiere. . . 1.

42 Constantin, la Paix rendue à l'Eglise, Concile de Nicée. . . . . 325.

43 Theodose, partage de l'Empire. . . . . 395.

44 Irruption des Barbares en Occident. . . . . 406.

45 Pharamond vers l'an. . . . . 420.

46 Bouleversement de l'Empire romain en Occident. 476.

47 Clovis I. mort en. . . . . 511.

48 Clotaire I. mort en . . . . 561.

49 Clotaire II. mort en. . . . . 628.

50 Dagobert I. mort en. . . . . 638.

51 Dagobert II. mort en. . . . . 715.

52 Childeric III. déposé, Pepin monte sur le Trône . . . . 752.

53 Charlemagne. . . . . 768.

54 Louis le Débonnaire . . . . 814.

55 Charles le Chauve. . . . . 840.

56 Louis II. dit le Begue. . . . . 877.

57 Louis III. Carloman . . . . 879.

58 Charles le Gros Empereur, fils de Louis Roi de Germanie & petit fils de Louis le Débonnaire, gouverna pendant la Minorité de Charles le Simple . . . . 885.

59 Charles le Simple, fils de Louis II. & frere de Louis III, & de Carloman . . . . 888.

60 Louis d'Outremer . . . . 929.

61 Lothaire. . . . . 954.

62 Louis V. dit le Fainéant. . . . . 986.

63 Hugues Capet. . . . . 987.

64 Robert. . . . . 998.
65 Henry I. . . . . 1031.
66 Philippe I. . . . . 1060.
67 Louis VI. dit le Gros . . . . 1108.
68 Louis VII. dit le Jeune. . . . . 1137.
69 Philippe II. dit Auguste. . . . . 1180.
70 Louis VIII. dit le Lion. . . . . 1223.
71 Louis IX. ou Saint-Louis. . . . . 1226.
72 Philippe III. dit le Hardy. . . . . 1270.
73 Philippe IV. dit le Bel. . . . . 1285.
74 Louis X. dit le Hutin . . . . 1314.
Philippe V. dit le Long 1316] & Charles IV. dit le Bel, 1322] freres de Louis le Hutin.
75 Philippe de Valois. . . . . 1328.
76 Jean le Bon. . . . . 1350.
77 Charles V. dit le Sage . . . . 1364.
78 Charles VI. . . . . 1380.
79 Charles VII. 1422.
80 Louis XI. . . . . 1461.
81 Charles VIII. 1483.
82 Louis XII. . . . . 1498.
83 François Ier. 1515.
84 Henry II . . . . 1547.
85 François II . . . . 1559.
Charles IX. 1560] & Henry III. 1574] Freres de François II.
86 Henry IV . . . . 1589.
87 Louis XIII. . . . . 1610.
88 Louis XIV. . . . . 1643.
89 Louis XV. . . . . 1715.
90 Louis XVI. . . . . 1774.

Nota. Le Format de l'Impreſſion n'a pas permis de rendre les Tableaux du LOTO parfaitement ſemblables à ceux dont on ſe ſert dans le Jeu ordinaire. Mais il ſera aiſé de ſuppléer à ce qui manque. Il s'agit de faire pour les autres Tableaux ce qu'on a fait pour le premier ; c'eſt-à-dire, de mettre par ordre arithmetique, ſur une ſixieme colonne, tous les chiffres du Tableau, afin que le Joueur puiſſe voir d'un coup d'œil, s'il a le numero qui eſt ſorti. On obſervera qu'il y a un, deux, ou trois points à la ſuite de chaque chiffre, ce qui marque que le numero eſt à la premiere, à la deuxieme, ou à la troiſieme ligne du Tableau.

1...
244..
303.
561.
703...
929..
1314.
1461...
1559..
2083..
2513...
3030..
3674.
3974...
4004.

3674	561	303	1314 -16 &-22	4004
929	244	2083	1559 -60&-74	3030
2513	703 &-4	1	3974	1461

1364	256	1350	534	1589
471 & 77	325	710	476	365
3398	1285	2553	606	1270

1137	708	3754	1422	3869
885	3252	1515	752	1380
523	689	840	1715	552 & -84

DU LOTO CHRONOLOGIQUE.

3283	663 & -74	406	3158	888
260 & -68	628	3468	814	488
3828	879	1498	937	1323

715	1800	1223	412	1060
1483	1610	647	998	511
395	420	1226	3257	954

1774	768	1180	3228	1108
1656	1031	2909	877	1643
3964	986	1547	638	2820

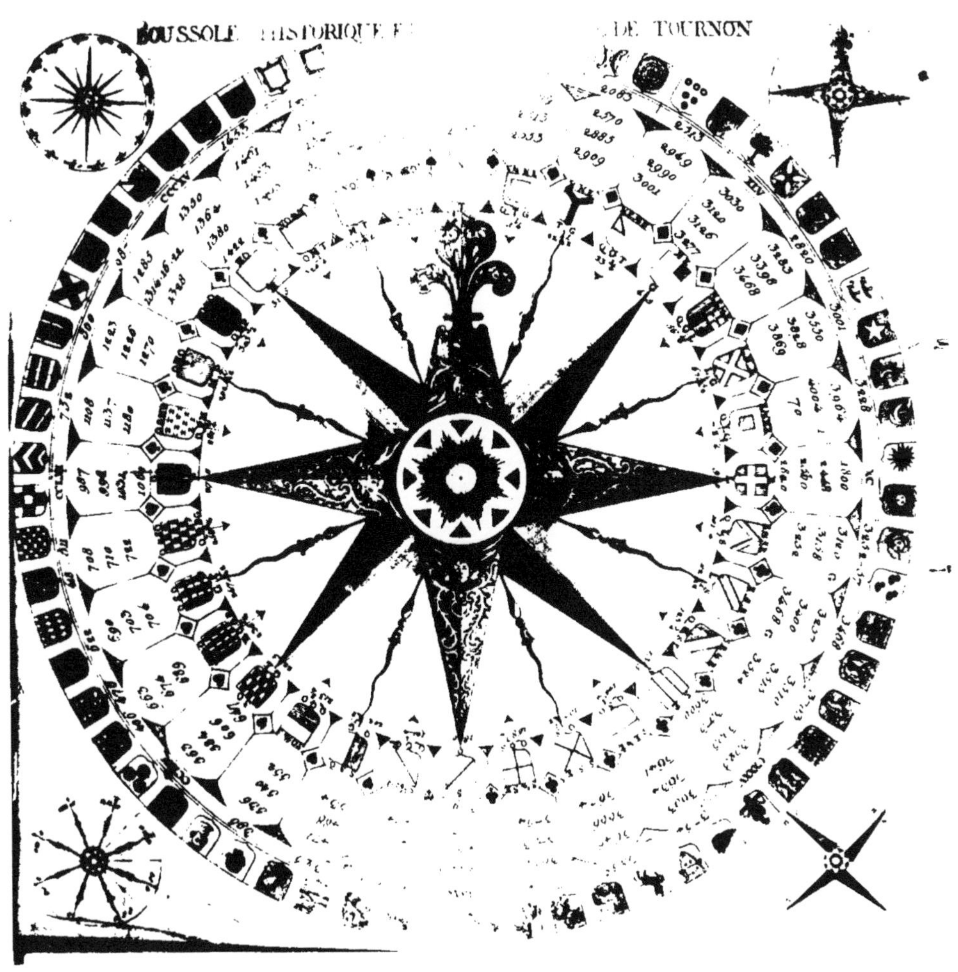
BOUSSOLE HISTORIQUE E
DE TOURNON

[illegible]

[illegible]

[illegible] "[illegible]ole" [illegible] de famille [illegible] la Fare - les - [illegible] ([illegible])

Apr[illegible] [illegible] établir, grâce [illegible] de la ville de [illegible] la liste [illegible] [illegible] par ce Collège [illegible] toriens) : qu'[illegible], [illegible] élève de ce Coll[illegible] ([illegible]) [illegible] de la [illegible] [illegible].

Voulant [illegible], [illegible] interrogé le secré[illegible] [illegible] l'Oratoire, [illegible] connaissant le [illegible], [illegible] [illegible] aucun [illegible].

[illegible]

www.ingramcontent.com/pod-product-compliance
Ingram Content Group UK Ltd.
Pitfield, Milton Keynes, MK11 3LW, UK
UKHW020530180726
13839UKWH00005B/2412

9 782329 596730